CONTENIDO

Reconocimientos 5

Introducción 7

¿Qué es una célula o grupo pequeño? 9

¿Por qué los grupos pequeños? 15

¿Cómo se forman los grupos pequeños? 21

¿Cómo no debemos liderar una célula o grupo pequeño? 25

Comienza una discusión... y mantenla en marcha 33

La importancia de la confidencialidad 45

Formula preguntas que obtengan respuestas 49

Tres clases de preguntas de estudio bíblico para formular... 57

Trabajo con personalidades diferentes en una célula
o grupo pequeño 63

Puedes ayudar a tus chicos para que aprendan a orar 73

Diez ideas para construir una comunidad en tu grupo
pequeño 83

Cien preguntas listas para usar en estudios bíblicos de
grupos pequeños 91

GRUPOS PEQUEÑOS

Y CÉLULAS DE IMPACTO

LAURIE POLICH

La misión de Editorial Vida es ser la compañía líder en satisfacer las necesidades de las personas con recursos cuyo contenido glorifique al Señor Jesucristo y promueva principios bíblicos.

GRUPOS PEQUEÑOS Y CÉLULAS DE IMPACTO
Edición en español publicada por
Editorial Vida -2013
Miami, Florida

© 2013 por Youth Specialties, Inc.

Este título también está disponible en formato electrónico.

Originally published in the USA under the title:
   Help! I'm a Small Group Leader! 50 ways to lead teenegers into lively & purposeful discussions.
   Copyright © 1998, 2007 by Youth Specialties, Inc.
Published by permission of Zondervan, Grand Rapids, Michigan 49530

Traducción: *Norma C. De Deiros*
Edición: *Madeline Díaz y Marta Díaz*
Diseño de interior: *CREATOR studio.net*

RESERVADOS TODOS LOS DERECHOS. A MENOS QUE SE INDIQUE LO CONTRARIO, EL TEXTO BÍBLICO SE TOMÓ DE LA SANTA BIBLIA NUEVA VERSIÓN INTERNACIONAL. © 1999 POR BÍBLICA INTERNACIONAL.

ISBN: 978-0-8297-6531-1

CATEGORÍA: Ministerio Cristiano / Juventud

IMPRESO EN LOS ESTADOS UNIDOS DE AMÉRICA
PRINTED IN THE UNITED STATES OF AMERICA

13 14 15 16 ❖ 6 5 4 3 2 1

RECONOCIMIENTOS
Un agradecimiento especial a:

• Stacy Sharpe, que ha sido mi «grupo pequeño» por dos años mientras nos ayudábamos una a la otra para ver nuestras circunstancias a través de los ojos de Dios.

• Mom y Buck, cuyo amor y apoyo me han hecho sentir la vida en Laguna como en casa.

• Al personal y los estudiantes de *Say Yes* [Di que sí] de Central City Community Church, quienes me han enseñado a vivir como una expendedora de la gracia de Dios.

• Bill y Tracey Wertz, cuya hospitalidad y calidez me permitieron terminar este libro, sentirme como en casa en Bellingham y pasar mucho tiempo en una bañera con agua caliente.

• Bob Marvel, cuya presencia en mi vida hace que ame más a Dios.

INTRODUCCIÓN

Tuve mi primera experiencia de grupo pequeño cuando tenía 17 años. Fue en el mes de febrero de mi último año de secundaria. Me había anotado para ir a un campamento cristiano por la razón «muy espiritual» de que mi novio iba y yo quería estar con él (un nivel de espiritualidad muy común entre los estudiantes de escuela secundaria). Pero Dios no se sintió inhibido por mis motivaciones, y regresé del campamento con una nueva relación. Dos semanas más tarde mi novio y yo terminamos, pero Dios y yo hemos estado juntos desde entonces.

Me convertí en cristiana ese fin de semana, en buena medida debido a la paciencia y el estímulo de mi líder de célula. Todavía puedo ver la cara de Joanne cuando yo defendía con firmeza mis puntos de vista espirituales, con todo lo mal orientados que estaban.

A medida que le explicaba el evangelio según Laurie Polich, ella escuchaba mis ideas pacientemente, confiando en que el Espíritu Santo haría los ajustes necesarios con el correr del tiempo. De alguna manera, ella sabía que todos los del grupo necesitábamos una oportunidad para procesar nuestros pensamientos y ser oídos. Y gracias al habilidoso liderazgo de Joanne, nuestro grupo pequeño era un lugar donde eso podía ocurrir.

Desde entonces he estado en toda clase de grupos pequeños, como líder o como participante. El rostro de Joanne ha permanecido como una imagen de referencia para mí al tratar de ser la clase de líder de célula que ella era... la clase que los alumnos en verdad necesitan. Estoy agradecida a Joanne y a muchos otros que, con amabilidad, paciencia y fidelidad, han sido para mí modelos de lo que es el ministerio de una célula o grupo pequeño. Es debido al trabajo de ellos en mi vida que he tenido la libertad y el estímulo para llegar a amar tan profundamente a Jesucristo.

Grupos pequeños y células de impacto está dedicado a la gente que quiere impactar a sus alumnos a través del ministerio de grupos pequeños. Es la manera más efectiva que conozco de ayudar a los chicos a crecer en su fe. Tal vez sea porque experimentan de primera mano —algunas veces por primera vez— el cuerpo de Cristo. Pablo escribió a la iglesia de Éfeso: «Por su acción todo el cuerpo crece y se edifica en amor, sostenido y ajustado por todos los ligamentos, según la actividad propia de cada miembro» (Efesios 4:16). Cuando los alumnos se reúnen en un ambiente que los apoye, no solamente aprenden lo que significa llegar a ser cristianos, sino cómo ser el cristiano que han llegado a ser. Este es el verdadero discipulado.

Hay toda clase de formas de liderar a una célula o grupo pequeño de manera efectiva. No obstante, la mayoría de estas formas se destilan de unos pocos principios probados. Este libro te equipa con estos principios, mientras te permite mantener el carácter único de tu propio estilo. En 1 Corintios 12:4-6, Pablo escribió: «Ahora bien, hay diversos dones, pero un mismo Espíritu. Hay diversas maneras de servir, pero un mismo Señor. Hay diversas funciones, pero es un mismo Dios el que hace todas las cosas en todos».

A medida que aprendes (o mejoras) la habilidad de liderar una célula, mi oración es que descubras el gozo y la satisfacción de ser usado por Dios. Y si este pequeño libro te ayuda en esta tarea, puedo decir, junto con Pablo, que mi gozo será cumplido.

01

¿QUÉ ES UNA CÉLULA

O GRUPO PEQUEÑO?

Los grupos pequeños por lo general están compuestos por un número de alumnos entre tres y ocho, y se dividen típicamente en tres tipos.

El grupo pequeño denominado «Vamos a dividirnos y explorar esta pregunta por cinco minutos».
Este es el grupo pequeño informal y espontáneo que formas con el propósito de hacer que los chicos compartan sus pensamientos sobre un tópico o lección. La duración típica de su vida es de cinco a diez minutos, o quizás sea tan larga como un retiro de fin de semana. Su propósito: solamente para un uso rápido y único... una buena introducción a los grupos pequeños para los chicos que nunca los han experimentado.

El grupo pequeño de Escuela Dominical o estudio bíblico.

Este tipo de grupo pequeño es más para estudio e instrucción que para construir relaciones. A diferencia del primer tipo, este grupo pequeño continúa... su tiempo de vida puede ir de varias semanas a varios años. Se requiere una preparación significativa para el líder de este tipo de célula o grupo pequeño.

El grupo pequeño de responsabilidad/discipulado.

Este grupo pequeño tiende a ser el más íntimo de los tres, y está más dirigido a construir relaciones, a ser responsables los unos por los otros y a discipular, que al estudio o la instrucción. Este tipo es el mayormente llamado «célula». Al igual que el grupo de estudio bíblico, este grupo pequeño continúa, con una expectativa de vida que puede abarcar varios meses o aun años. (Con este tipo de grupo, cuanto más largo, mejor). Si un grupo para ejercer responsabilidad incluye un estudio bíblico, el énfasis está en la aplicación más que en la interpretación. La meta de este tipo de grupo es construir relaciones más profundas entre los chicos y el adulto facilitador... y ayudarlos a todos a vivir de acuerdo con la Palabra de Dios en sus vidas.

¿QUÉ ES UNA CÉLULA O GRUPO PEQUEÑO?

Muy bien, es hora de tomar un lapicero y pensar en tu grupo pequeño —o en el que en breve vas a liderar— y anotar respuestas para estas preguntas:

1. ¿A cuál de estos tres tipos de grupo pequeño se parece más el tuyo? ¿O es el tuyo un híbrido?

2. ¿Cuáles son algunas de las metas para tu grupo pequeño?

3. ¿Cuánto tiempo piensas que durará tu grupo pequeño?

4. ¿Dónde se reúnen?

5. ¿Cuáles son algunas de las dificultades para liderar este grupo pequeño?

02

¿POR QUÉ

LOS GRUPOS PEQUEÑOS?

¿POR QUÉ LOS GRUPOS PEQUEÑOS?

Los grupos pequeños te ayudan a construir relaciones más estrechas con tus alumnos.
Vuelve a pensar en tu propio viaje de fe, tu propia historia espiritual. ¿Qué recuerdas de las reuniones semanales a las que pudiste haber ido, o de las charlas que puedes haber escuchado allí? Es probable que no mucho. Pero lo que una persona sí tiende a recordar son las relaciones. Y es lo que ocurrió en esas relaciones lo que te ayudó a crecer en la fe.

Los grupos pequeños son una manera natural de construir relaciones significativas entre los chicos y los adultos que se preocupan por ellos... como tú. Es en un grupo pequeño donde puedes aprender más acerca de quiénes son en realidad y de cómo es su relación con Dios. Cuando lideras una célula, te involucras más íntimamente con menos chicos, y tienes una influencia más profunda sobre ellos.

En realidad, los grupos pequeños ayudan a contrarrestar la alienante «inmensidad» de nuestra cultura. Proveen un contexto de comunidad saludable muy necesario, donde los chi-

cos aprenden más acerca de Dios, de ellos mismos, unos de otros… y donde formarán relaciones significativas que los moldearán por el resto de sus vidas.

Los grupos pequeños proveen comunidad y amistad.
La redefinición, el reagrupamiento y la movilidad de las estructuras familiares que se han estado desarrollando durante las últimas dos o tres décadas significan, entre otras cosas, que menos y menos chicos tienen cerca una comunidad o una familia extendida tradicional con la cual crecer. De modo que los adolescentes encuentran su comunidad en otros lugares, de otras maneras… y no todos ellos son sanos. Lo que necesitan es una comunidad que los respalde, un lugar, tomando prestada la letra del tema musical de «Cheers», donde todos conozcan sus nombres. La iglesia puede proveer esto a través de los grupos pequeños.

Los grupos pequeños funcionaron en la iglesia primitiva y continúan funcionando hoy.
La idea detrás de los pequeños grupos no es nueva. (Ver Hechos 2:42-47 para una descripción de los grupos pequeños del primer siglo). Sin embargo, los grupos pequeños continúan desempeñando una parte importante en el crecimiento y desarrollo de la iglesia. Considerando que un alto porcentaje de las personas están involucradas en algún tipo de grupo pequeño, religioso o de otro tipo, esto prueba que este es un medio efectivo para reunir a la gente. El liderazgo de una célula es una habilidad que vale la pena desarrollar en la educación cristiana.

Los grupos pequeños ayudan a los chicos a procesar y actuar basados en lo que aprenden.
La comunicación es un proceso de doble vía: tú hablas y ellos oyen. Ambas cosas son esenciales para la comunicación. Tal vez recuerdes una de las historietas de la tira cómica llamada «Lado lejano» de Gary Larson: en el primer cuadro aparece lo que le decimos a la perra: «Ginger, quiero que te mantengas alejada de la basura, ¿entendiste? Lejos de la basura. ¿De acuerdo, Ginger?». En el próximo cuadro se indica lo que la perra oye: «Ginger, bla, bla, bla, bla, bla, bla, bla, Ginger». ¿Qué es lo que sí oyen los chicos durante una clase promedio de la Escuela Dominical? Los encuentros en grupos pequeños te ayudan a descubrir qué es lo que en realidad están oyendo... y te ayudan a enseñar la Palabra de Dios de forma más efectiva, permitiendo que ellos descubran el significado por sí solos.

03

¿CÓMO SE FORMAN

LOS GRUPOS PEQUEÑOS?

La mayoría de los grupos de adolescentes se dividen en grupos pequeños en una de tres formas generales.

Grupos según el grado.
Dividirlos de acuerdo al grado coloca a los chicos junto a compañeros de la misma edad y, en general, de un nivel de madurez similar. Esto tiende a hacer que las discusiones en grupos por grados sean más relevantes para la mayoría de los chicos. También ayuda a inhibir la formación de camarillas, ya que los chicos se agrupan de acuerdo a su edad, en lugar de hacerlo considerando cualquier amistad existente con otros en el grupo.

Grupos solo de chicos o solo de chicas.
Los grupos del mismo sexo por lo general son mejores si quieres lograr una mayor intimidad y una experiencia de participación más profunda que la que obtendrías de otra manera. La mayoría de los chicos de la escuela secundaria están enfrentando su sexualidad de una manera tan intensa que tener miembros del sexo opuesto en su grupo puede causar distracción.

Si organizas tus grupos pequeños de esta manera, es divertido juntarse de tanto en tanto para planear encuentros y actividades grupales (ver «Diez ideas para construir una comunidad en tu grupo pequeño» en la página 83).

Grupo del barrio o del colegio.
Si estás en una iglesia o en una organización paraeclesiástica que recibe chicos de áreas y escuelas diferentes, piensa en dividir a tus chicos en grupos según la región, el barrio, la escuela o la comunidad. De esta manera pueden reunirse en los hogares, que son definitivamente un ambiente más relajado que la mayoría de los salones de adolescentes de las iglesias. Esta forma de organizar del grupo pequeño también ayuda a los chicos a construir amistades más estrechas con otros cristianos que asisten a su escuela o viven en su barrio. De esta forma obtienen más respaldo para vivir su fe.

No importa cómo dividas tus grupos, mézclalos de vez en cuando para darles a los chicos una perspectiva diferente. La variedad cuenta en la experiencia del grupo pequeño... y periódicamente te da a ti también un nuevo grupo de caras y personalidades para liderar en la discusión y el estudio.

¿CÓMO NO DEBEMOS LIDERAR UNA CÉLULA O GRUPO PEQUEÑO?

04

Sí, puedes llegar a ser un mejor líder de célula si observas lo que hace un líder que es deficiente. Aquí van cinco errores comunes que deben evitarse al liderar una célula o grupo pequeño.

Ser demasiado hablador.
Este líder por lo general es honesto y bien intencionado en sus esfuerzos por proveer al grupo de buen liderazgo, pero no les da a sus alumnos suficientes oportunidades para hablar. Es típico que comience su grupo pequeño con una introducción larga, y luego proceda a contar muchas ilustraciones personales.

Cuando finalmente hace una pregunta, no espera demasiado para recibir una respuesta. O si los alumnos dicen una palabra fuera de lugar, los interrumpe y, en su entusiasmo, responde la pregunta él mismo. Esta llamada «discusión» rápidamente se torna en una conferencia, y los alumnos terminan oyendo los pensamientos de su líder en vez de compartir los propios.

GRUPOS PEQUEÑOS Y CÉLULAS DE IMPACTO

Preguntas para reflexionar:

1. Encierra una opción en un círculo: Yo siempre / algunas veces / nunca tengo problemas por hablar demasiado cuando lidero mi grupo pequeño.

2. ¿Hay algo en esta descripción del «demasiado hablador» que te venga bien?

3. Muy bien, de modo que no te sientes tentado a hablar mucho cuando lideras tu grupo pequeño. No obstante, ¿alguna vez has estado en un grupo con un líder que habla demasiado? ¿Qué efectos tuvo sobre el grupo?

4. ¿Cuáles son algunas de las cosas prácticas que puedes hacer para evitar hablar demasiado cuando lideras tu grupo pequeño?

Ser inseguro.
Quiere agradar a sus alumnos de tal manera, que tiene dificultades para afirmar su liderazgo. Cuando emerge un tema de controversia, espera para ver qué piensan los chicos antes de dar su opinión. Parece irónico, pero el líder de célula que es inseguro comienza con frecuencia siendo popular con sus alumnos, sin embargo, al final no es respetado. Los adoles-

centes quieren y necesitan guía. Con el tiempo, valorarán el riesgo que corren sus líderes al decir la verdad... no importa lo impopular que esta sea.

Preguntas para reflexionar:

1. Encierra una opción en un círculo: Yo siempre / algunas veces / nunca tengo problemas por sentirme inseguro al liderar mi grupo pequeño.

2. ¿Hay alguna cosa en la descripción del «inseguro» que especialmente te venga bien?

3. Si es que no tienes problemas por sentirte inseguro en tu liderazgo, ¿alguna vez has sido liderado por alguien que sí los tuviera? ¿Qué efecto tuvo sobre el grupo?

4. ¿Cuáles son algunas de las cosas prácticas que puedes hacer para sentirte más seguro al liderar a tu grupo pequeño?

No estar preparado.
Entra tarde, y una vez que comienza, te das cuenta de que está improvisando. No ha dedicado ni 15 minutos a prepararse para este grupo pequeño. No es bueno para recordar nombres y trata de cubrir este hecho con su entusiasmo y simpatía. El líder no preparado con

frecuencia es muy relacional y carismático, de modo que sale del paso con una preparación inadecuada. Los chicos pueden perdonarle, pero su enfoque liviano (o categóricamente haragán) de la preparación, a la larga se derrama sobre sus alumnos, quienes seguirán su liderazgo.

Preguntas para reflexionar:
1. Encierra una opción en un círculo: Yo siempre / algunas veces / nunca tengo problemas con la falta de preparación en mi grupo pequeño.

2. ¿Hay alguna cosa en la descripción del «no preparado» que especialmente te venga bien?

3. ¡Mejor para ti si vienes preparado a la mayoría de las reuniones de tu grupo pequeño! Pero, ¿alguna vez has estado en un grupo con un líder consistentemente no preparado? ¿Qué efecto tuvo esto sobre el grupo?

4. ¿Cuáles son algunas cosas prácticas que puedes hacer para estar preparado con regularidad para liderar a tu grupo pequeño?

Ser inflexible.
A pesar del hecho de que fue escogido para liderar una célula o grupo pequeño, le falta ya sea el conocimiento, la experiencia, o la sensibilidad para discernir lo que los chicos necesitan. Prepara su estudio bíblico de manera impecable... y durante la reunión no se desvía ni un centímetro. Los chicos tal vez quieren —incluso hasta necesitan— hablar acerca de otra cosa, pero el líder de célula que es inflexible tiene una agenda que seguir

y un horario que cumplir. Un líder inflexible es bueno para seguir indicaciones, pero puede ser un poco denso cuando se trata de discernir cuándo es tiempo de adaptar el estudio bíblico —o de posponerlo por completo— y permitir que los chicos hablen de algo que es inusualmente urgente para ellos en el momento.

Preguntas para reflexionar:

1. Encierra una opción en un círculo: Yo siempre/ algunas veces/ nunca tengo problemas con ser inflexible cuando lidero mi grupo pequeño.

2. ¿Hay alguna cosa en la descripción del «inflexible» que especialmente te venga bien?

3. Si no tienes problemas debido a este estilo de liderazgo, ¿alguna vez has estado en un grupo con un líder inflexible? ¿Qué efecto tuvo sobre el grupo?

4. ¿Cuáles son algunas cosas prácticas que puedes hacer para mantenerte razonablemente flexible al liderar tu grupo pequeño?

Ser poco respetado.

Este líder por lo general tiene buenas intenciones, pero poco control sobre su grupo (si es que tiene alguno). Sus chicos lo interrumpen y se interrumpen entre ellos sin pensarlo dos veces. No siguen las indicaciones. Como consecuencia, no logran nada cuando se reúnen como grupo. Cada vez que intenta afirmar su liderazgo, los chicos se ríen de él o lo ignoran. Saben que pueden salirse con la suya. No obstante, la peor noticia es que cuanto más continúa este modelo, más difícil es cambiarlo.

Preguntas para reflexionar:

1. Encierra una opción en un círculo: A mí siempre / algunas veces / nunca me faltan al respeto los alumnos de mi grupo pequeño.

2. ¿Hay alguna cosa en la descripción del «poco respetado» que se ajuste al estilo de liderazgo de tu grupo pequeño?

3. Mejor para ti si puedes lograr que los miembros de tu grupo pequeño sean respetuosos y se presten atención unos a otros. Pero, ¿alguna vez has estado en un grupo pequeño con un líder a quien no respetaban? ¿Qué efecto tuvo esto sobre el grupo?

4. ¿Cuáles son algunas cosas prácticas que puedes hacer para mantenerte flexible, amable, pero convenientemente firme como líder de grupo pequeño?

05

COMIENZA UNA

DISCUSIÓN...

Y MANTENLA EN MARCHA

Considera estos diez consejos para crear una atmósfera cómoda en el grupo pequeño... una cualidad necesaria si quieres que todos los alumnos disfruten de participar.

1. Alienta a tus alumnos a expresar sus puntos de vista y sus sentimientos, no importa cuán poco ortodoxos sean.
Nada reprime una discusión más rápido que el hecho de que los chicos no se sientan seguros para decir lo que sienten. Si son derribados por ti o por los miembros del grupo, la próxima vez es menos probable que compartan. Los chicos nuevos en la fe (o que todavía no creen) necesitan un lugar para procesar sus puntos de vista religiosos sin sentirse cohibidos.

En los últimos años de la escuela secundaria tenía algunos puntos de vista moldeados por un trasfondo de la Ciencia Cristiana. Y debido a que se me permitió compartir esos puntos de vista en un grupo pequeño (sin sentirme estúpida), pude reformularlos en el curso de la discusión y el estudio bíblico. Si el grupo no hubiera estado receptivo a mis opiniones, habría estado a la defensiva y se podría haber creado una barrera para un crecimiento y madurez mayores. En cambio, este grupo pequeño llegó a ser una parte importante de mi desarrollo espiritual.

Los grupos pequeños debieran ser un lugar donde los adolescentes puedan ser honestos acerca de lo que están pensando y sintiendo... sin que importe lo que haya en sus mentes. Lo que los alumnos descubren por sí mismos permanece con ellos por mucho más tiempo que cualquier cosa que tú les digas. Sé lento para corregirlos, pero en cambio permite que vuelvan a pensar sus propias respuestas. En general, este es un camino mejor para que ellos hagan descubrimientos genuinos y perdurables acerca de Dios.

2. Sé agradecido por todas las respuestas.
Sí, por *todas* las respuestas. Los líderes también pueden ahogar una discusión cuando inadvertidamente hacen que sus

alumnos se sientan tontos o estúpidos con respecto a sus respuestas o comentarios. Tu tarea es crear un lugar seguro para que los chicos digan cualquier cosa que quieran y sean apreciados por ello. Si trabajas con varones de séptimo grado, con seguridad necesitarás reorientar suavemente las salidas tangenciales que surjan cada tres minutos. (Mmm... varones de séptimo grado... ¿dijimos *suavemente*?). Pero en general, es mejor alentar la libertad de expresión.

Para alentar esta libertad, establece la regla básica de que cuando alguien está hablando, cuando tiene la autorización para hacerlo, no debe ser interrumpido. Cuando termina, cualquier otro puede compartir su opinión siempre que no sea una crítica de alguien en el grupo. Para ayudar a los alumnos a visualizar esto, haz circular un objeto para que la persona lo sostenga mientras hace uso de la palabra.

En la medida en que los alumnos sientan la libertad de decir lo que tienen en sus mentes, confiarán más en ti y en el grupo (y en sí mismos), creando un ambiente para el crecimiento.

3. No te sientas satisfecho con la primera respuesta a tu pregunta.

Evita establecer un patrón de pregunta-respuesta-pregunta-respuesta. Esta es una forma mejor de iniciar una discusión: pide varias respuestas para tu pregunta, luego provoca a los participantes para que dialoguen entre ellos. Es decir, llévalos de meramente responder a discutir o conversar... unos con otros, no simplemente contigo.

Echa a rodar la pelota en esta dirección preguntando: «¿Por qué piensas eso?», «¿Qué piensan los demás?». No te quedes con la primera respuesta, sino alienta la discusión. Haz que los alumnos hablen, formulando preguntas cuyas respuestas no sean tan obvias.

De vez en cuando juega el papel de abogado del diablo y cuestiona las respuestas de los alumnos... en especial si tienden a dar típicas «respuestas de iglesia». Desafía a los chicos de la iglesia a profundizar y examinar su propia fe antes que vivir la que les ha sido dada.

4. Mantén la discusión en movimiento.

Un estudio bíblico que no se mueve a una buena velocidad tiende a tornarse aburrido. Esto ocurre con frecuencia cuando uno o dos alumnos monopolizan la discusión, mientras que el resto del grupo se queda dormido. Debes estar consciente de esto y rápidamente pasar a la próxima pregunta. Si tienes un alumno que genuinamente quiere discutir más sobre un asunto, establece una cita para otro momento más tarde. Evita que el tiempo de discusión se vuelva un diálogo entre dos, que todos los demás observen.

Si tienes que elegir entre dos males, elige a alumnos frustrados que quieran pasar más tiempo resolviendo una cuestión, y no a alumnos aburridos que gradualmente se han distanciado de la discusión. Recordarás que Jesús a menudo dejó preguntas sin responder. Esto ayuda a que la gente piense por sí misma. Tus alumnos aprenderán más al sentirse frustrados con una cuestión sin resolver, que al sentirse satisfechos con una respuesta exhaustiva.

5. Estate alerta sobre los individuos en tu grupo.

Debes estar consciente de lo que está pasando con tus chicos cuando ellos vienen a tu grupo pequeño. En realidad, tal vez necesites reservar los primeros pocos minutos de tu tiempo para charlar y compartir cosas intrascendentes. Los chicos se pueden poner al día unos con otros antes de que comience el tiempo de tu grupo pequeño, en lugar de hacerlo durante el mismo.

Durante tu estudio bíblico, fíjate en si un alumno comienza a hablar, pero es interrumpido. Trata de volver a conversar con ese alumno y ofrecerle una segunda oportunidad para compartir. Observa más allá de aquellos que están monopolizando la discusión y pide a propósito las respuestas de otros alumnos más silenciosos. Alienta su participación sin ponerlos en evidencia, y afírmalos independientemente de su contribución a la discusión.

Nunca podrás impedir que ciertas personalidades sobresalgan en tu grupo; otros insistirán en mantenerse en segundo plano. Está bien. Solo observa. Si un alumno está claramente preocupado, tal vez necesite hablar antes de que pueda participar completamente de tu estudio bíblico. Tu meta es hacer que todos los alumnos sientan que son miembros importantes en tu grupo, y esto significa discernir cuándo dejar de lado tu agenda por un miembro del grupo que necesita tu respaldo.

6. No le tengas miedo al silencio.

Si tu pregunta no recibe una respuesta inmediata de parte de un alumno, no sientas que tienes que intervenir y responderla tú mismo. Deja que la pregunta perdure en el aire por un momento. Y deja que los chicos sepan que te sientes cómodo con el silencio y estás dispuesto a esperar para que la discusión comience.

Van a suceder dos cosas si intervienes de inmediato. Primero, interrumpirás cualquier reflexión prudente, y segundo, los chicos aprenderán que tú siempre los vas a rescatar, estableciendo así un modelo que es difícil de romper. Los grupos pequeños están para que los alumnos luchen con sus pensamientos. Como líder, debes proveerles el tiempo y el espacio para facilitar eso.

El silencio es con frecuencia una respuesta en sí mismo... o puede ser un preludio necesario para una respuesta profundamente sentida. Por supuesto, si todas las preguntas que haces tienen como respuesta un silencio prolongado, tal vez necesites revisar seriamente las preguntas que estás haciendo (ver más sobre la formulación de buenas preguntas en «Formula preguntas que obtengan respuestas» en la página 49).

7. Devuelve al grupo las preguntas difíciles.

Si te sientes intimidado por la pregunta difícil de un alumno, únete al grupo. Esa misma pregunta, con todo lo difícil que es, puede darte la oportunidad de comenzar una discusión animada. No pienses que tienes que tratar de responderla. En cambio, trata de devolver la pregunta al grupo: «Buena pregunta, Daniel. ¿Qué piensa el resto del grupo?». (Esto también te puede salvar si no sabes la respuesta).

Ayuda a tus alumnos a examinar lo que creen, preguntando constantemente acerca de sus pensamientos y opiniones. Tal vez obtengas algunas respuestas descabelladas, pero los alumnos serán alentados a pensar por sí mismos, antes que a recurrir a ti por respuestas. Tú también te beneficiarás al entender dónde se encuentran tus chicos en su viaje espiritual.

Entonces, ¿qué piensan sobre eso?

Si una pregunta se queda sin resolver, de vez en cuando desafía a tu grupo pequeño a encontrar la respuesta para la próxima reunión. (Un premio puede agregar algo de motivación aquí). Dales sugerencias sobre dónde podrían comenzar a investigar (un libro, una persona a quién preguntarle) y prepárate para buscar tú mismo la respuesta.

8. Permite que tu grupo autocorrija sus salidas tangenciales.

La técnica de devolver al grupo una pregunta es también un remedio para las salidas tangenciales descabelladas. No le digas simplemente a un alumno que está equivocado (así posiblemente reprimirás su participación). En cambio, pregunta: «¿Qué piensan los demás?». Es muy probable que a medida que los alumnos hagan sus aportes, el grupo se corrija a sí mismo. Esto también alienta a tus alumnos a dialogar entre ellos en lugar de dirigir el diálogo hacia ti.

La gente crece en su comprensión de la fe a medida que define sus ideas en el diálogo con otros cristianos. En el ambiente de un grupo pequeño, los alumnos elaboran mejor su teología, discutiendo sus pensamientos entre ellos y contigo. Como líder, abstente de dar las respuestas correctas, porque de esta manera creas una mayor oportunidad de aprendizaje.

De acuerdo al «cono de aprendizaje» de Edgar Dale, los alumnos retienen mucho más conocimiento a partir de una discusión que meramente escuchando. Sin embargo, he observado innumerables líderes de grupos pequeños que hacen de sus estudios bíblicos conferencias más que discusiones. Los grupos pequeños debieran ser un lugar para que los alumnos procesen sus propios pensamientos, en vez de ser un sitio en el que escuchen los tuyos.

9. Mantente flexible a las necesidades del grupo.
Tarde o temprano (en general, temprano) un alumno llegará a su reunión de grupo pequeño con una preocupación específica, significativa y con frecuencia apremiante, que necesita ser enfrentada en el contexto del grupo pequeño. Puede ser un conflicto no resuelto entre miembros del grupo, un amigo (quizás presente esa noche) que quiere saber más acerca de Cristo, una muerte reciente, un divorcio inminente. Ahora es el momento de dejar de lado tu agenda y tratar el asunto.

No obstante, esto no debe ocurrir todas las semanas. Si ocurre, puedes, o bien pasar más tiempo con los alumnos en forma individual fuera del momento del grupo, o alargar tu reunión para incluir un tiempo más largo para compartir. Si los alumnos saben que tendrán tiempo para compartir lo que hay en sus corazones, podrán concentrarse mejor en tu estudio bíblico. Liderar una célula o grupo pequeño requiere del juicio para decidir cuándo un tema es lo suficientemente crítico como para que tengas la necesidad de tratarlo, en lugar de conducir la discusión que has planeado.

Mantenerse flexible también significa reconocer cuándo tu grupo necesita un cambio. Usa estudios bíblicos creativos y activos, y/o actividades y desafíos variados para mantener a tu grupo lozano y estimulante. Prueba la serie de Lecciones Bíblicas Creativas (publicadas por Especialidades Juveniles) para tener nuevas ideas de modo que las Escrituras cobren vida. Tu grupo también puede beneficiarse con un tiempo juntos fuera de tu encuentro regular... tanto para diversión como para servicio. Esto les da la oportunidad de poner la fe en acción a medida que se unen cada vez más. (Para obtener ideas específicas ver «Diez ideas para construir una comunidad en tu grupo pequeño» en la página 83).

10. Estate preparado para aprender de tu grupo.
Algunas veces, esta es la mejor parte de la experiencia de liderar una célula o grupo pequeño. Tu preparación semanal (la cual te desafía a permanecer basado en la Palabra), así como la devolución de tus alumnos, pueden influir profundamente en tu propio desarrollo espiritual. Como líder, estás esencialmente pidiendo a tus alumnos: «Imítenme a mí, como yo imito a Cristo» (1 Corintios 11:1). Pero, como sugiere este versículo, es la realidad de Cristo en tu vida, y no tu propia perfección personal, la que tendrá el mayor impacto en tus alumnos.

Algunas veces los chicos experimentan mejor la realidad de Cristo observando tus luchas en vez de tus puntos fuertes. Los alumnos son grandemente impactados por el líder que corre riesgos y se hace vulnerable, demostrando así la propia necesidad que ellos tienen del amor y la gracia de Jesucristo. Por supuesto que necesitarás discernir qué cosa es apropiada para compartir con tu grupo pequeño. Pero cuanto más vean tus chicos que tú también luchas, menos intimidados estarán por tu espiritualidad y liderazgo.

El ministerio genera madurez, y tu ministerio como líder de célula te ayudará a llegar «a una humanidad perfecta que se conforme a la plena estatura de Cristo» (Efesios 4:13). En la medida en que nutras y te preocupes por la vida espiritual de tus alumnos, inevitablemente crecerás en tu propia vida espiritual, llegando a ser cada vez más la persona que Cristo tiene intenciones de que seas. Dirás junto con Pablo: «No es que ya lo haya conseguido todo, o que ya sea perfecto. Sin embargo, sigo adelante esperando alcanzar aquello para lo cual Cristo Jesús me alcanzó a mí» (Filipenses 3:12). Tal vez este es el regalo más grande que puedas darles a tus alumnos.

06
LA IMPORTANCIA DE LA CONFIDENCIALIDAD

LA IMPORTANCIA DE LA CONFIDENCIALIDAD

Si quieres que los chicos se sientan lo suficientemente seguros como para compartir sus cosas a profundidad con los otros en su grupo pequeño, entonces depende de ti establecer confianza y confidencialidad. Algunos líderes de grupos pequeños usan un acuerdo verbal o escrito, comprometiendo a los firmantes con el principio de que cualquier cosa que se comparta en el grupo, permanece en el grupo. Ellos no les cuentan a sus padres o a sus novios los detalles de lo que oyen en su grupo pequeño, y tú no se lo cuentas a tu cónyuge.

Si lo que oyes de parte de un alumno durante una reunión de tu grupo pequeño te hace pensar que una conversación individual sería apreciada o de ayuda, no significa que quiebres la confidencialidad el que te encuentres con ese alumno para compartir una hamburguesa más tarde en la semana y converses personalmente.

Conoce la ley.
Hay excepciones críticas a esta regla, por supuesto. Si un alumno confía algo que aunque sea levemente sugiere abuso físico o sexual, tú debes, de acuerdo a algunas legislaciones, reportar esa información ante las autoridades que aplican la ley. Conoce de antemano el curso de acción que requiere de ti tu supervisor, tu iglesia y tu país, si oyes sospechas de conducta autodestructiva o adictiva de parte de algún alumno en tu grupo pequeño. Por lo menos, probablemente tengas que hablar con tales alumnos en privado, recomendando ayuda profesional con nombres y números específicos. Con este propósito, debes mantener una lista al día de las agencias locales de referencia.

Si la confianza se quiebra en tu grupo, trata el tema de inmediato, de modo que la misma pueda ser restablecida. Reúnete en privado con los miembros del grupo involucrados, ya sea individualmente o juntos, dependiendo de las circunstancias. Tu meta es ayudar a los chicos a aprender cuándo compartir información con un tercero y cuándo guardar esa información para uno mismo.

07

FORMULA PREGUNTAS QUE

OBTENGAN

RESPUESTAS

Ya sean preguntas personales, preguntas sobre temas o preguntas de estudio bíblico, la forma en que las formules puede ser importante para lograr discusiones de grupo pequeño animadas o muertas.

Evita las preguntas de «sí» o «no».

Apártate de las preguntas que comienzan con «¿Hay...?», «¿Están...?» o «¿Piensan...?». Con un «sí» o un «no» tu discusión podría terminar ahí mismo. En lugar de eso, formula más preguntas que comiencen con por qué.

En el ministerio de grupos pequeños son tus preguntas, más que tus respuestas, las que hacen que tu grupo sea bueno. De modo que vale la pena el tiempo extra para encontrar preguntas que provoquen una buena discusión grupal. Si escribes tu propio material, busca en algunos estudios bíblicos o cuestionarios diferentes, para aprender cómo crear buenas preguntas. Si usas un curriculum escrito por otro, sustituye las preguntas que parezcan obvias o aburridas.

Otra sugerencia: pídele a un amigo que te haga las preguntas antes de la reunión del grupo pequeño, para comprobar si son preguntas que no tienen un «sí» o un «no» como respuesta, o si provocan exploración, opiniones y discusión. Algunas veces es difícil de saber, y es mejor descubrirlo antes, que durante la discusión.

No hagas preguntas que den por sentada una respuesta.
Preguntar: «¿Cómo muestra Jesús su enojo en este pasaje?» da por sentado que a) Jesús está enojado, y b) hay una respuesta correcta que quieres que tus chicos descubran. El problema con tales preguntas es que le dicen a los alumnos demasiado, sin dejarles lugar para descubrir respuestas y percepciones por ellos mismos. Recuerda que tu meta es invitar a los alumnos a explorar un pasaje y compartir sus propios pensamientos en vez de dirigirlos hacia los tuyos.

Una pregunta mejor sería: «¿Qué está sintiendo Jesús en este pasaje?» o «¿Por qué piensan que él siente de esta manera?». Esto anima a los chicos a compartir sus opiniones, no simplemente a dar las respuestas que ellos piensan que tú quieres. Serán guiados a una exploración más profunda de su fe y a una discusión mucho más interesante. (Si quieres ejemplos de preguntas para hacer, busca en «Cien preguntas listas para usar en estudios bíblicos de grupos pequeños» en la página 91).

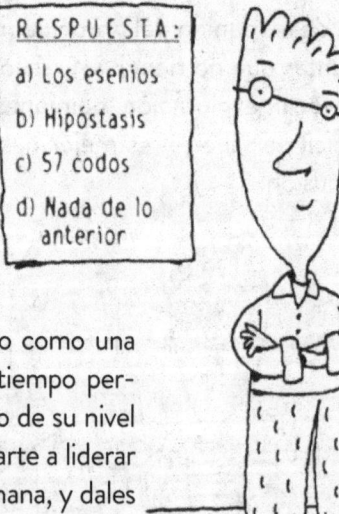

Es difícil saber si una pregunta conduce a una respuesta específica hasta que la formulas. De modo que, repito, pídele a un amigo que te las formule antes de la reunión. O solicita la ayuda de los alumnos para que escriban tus preguntas y usa esto como una oportunidad para tener un tiempo personal con ellos. Dependiendo de su nivel de madurez, invítalos a ayudarte a liderar el pequeño grupo de esa semana, y dales otra valiosa oportunidad de crecimiento.

Escribe preguntas relevantes para tus chicos.
Algunas buenas preguntas surgirán en tu mente durante la reunión, pero no confíes en ellas. En cambio, dedica algún tiempo a pensar antes de la reunión acerca de la situación de tus chicos, de cuál es su nivel de madurez, de qué cosa es particularmente relevante para tus alumnos dentro del estudio, y escribe de forma reflexiva la mayoría de tus preguntas.

¿Estás haciendo un estudio bíblico sobre David y Betsabé (2 Samuel 11)? No preguntes: «¿Qué efecto piensas que tuvo sobre la vida de David el pecado del adulterio?». Esto no es tan relevante para tus chicos como: «¿Qué podría haber hecho David para abstenerse de tener relaciones sexuales con Betsabé?». Preguntas como esta no solo atraerán el interés de tus chicos, sino también ayudarán a tus alumnos a discutir la manera en que ellos pueden manejar su propia tentación sexual, poniéndose en el lugar del otro. Los chicos están más dispuestos a hablar si las preguntas reflejan claramente cuestiones de sus propias vidas... y lo que aprendan de las discusiones resultantes será de más valor para su peregrinaje espiritual.

Invierte tiempo en conocer a tus chicos de modo que puedas determinar en qué están interesados y qué están listos para aprender en su crecimiento espiritual. Este puede ser tu ejercicio de más valor al crear las preguntas para tu grupo pequeño.

Aprende cómo y cuándo usar preguntas directas.

Preguntas directas como: «Susana, ¿es Jesús el Señor de tu vida?», pueden conducir a un diálogo significativo, pero solo con la gente apropiada en el momento apropiado. Si esta es la primera reunión a la que asiste Susana, una pregunta de este tipo puede hacer que sea la última. Los alumnos en tu grupo deben crecer en intimidad y confianza antes de que esas preguntas sean apropiadas.

Si esta es la primera reunión de tu grupo pequeño, o tienes alumnos nuevos en el grupo, trata de ser menos amenazador. Por ejemplo, pregunta: «¿Cómo llega Jesús a ser Señor de tu vida?», y abre la pregunta al grupo en general, en lugar de apuntar a un individuo. De esta manera, tus alumnos pueden compartir sin estar en la mira, y tú podrás determinar la situación espiritual de ellos. Sus respuestas te darán elementos para hacer un seguimiento cuando te encuentres personalmente con cada uno.

A medida que tu grupo pequeño crece en confianza y franqueza de los unos con los otros, tú puedes, en forma gradual, usar más preguntas directas para desafiar personalmente a tus chicos. A algunos alumnos nunca se les pregunta acerca de la situación de su fe, y puede ser una omisión trágica no darles la oportunidad personal de responder al evangelio. Con el tiempo, tu grupo aprenderá a confiar en ti, en cada uno en el grupo y en ellos mismos, y se sentirán más seguros de ser vulnerables a medida que continúen reuniéndose.

Formula preguntas que se relacionen tanto con los sentimientos como con los hechos.

Tu meta es involucrar tanto el corazón como la mente de tus alumnos. Por lo general es más seguro tratar los asuntos de manera objetiva («¿Hacia qué pecados de la lista de Pablo están particularmente inclinados los adolescentes en tu escuela?»), en vez de formular las preguntas de forma más personal («¿A qué pecados en la lista de Pablo debieras renunciar?»). No obstante, cuando tu grupo pequeño se reúna por más tiempo, tus preguntas pueden llegar a ser más profundas y más personales. Una buena prueba contundente de la intimidad de tu grupo es la clase de preguntas que tú te sientes libre de formular (y los alumnos libres de responder). Si tu grupo se ha estado reuniendo por un tiempo y las discusiones no se han tornado muy personales, tal vez necesites evaluar por qué... y quizás también preguntarles a los alumnos. Los grupos pequeños saludables debieran crecer en intimidad y confianza, y tu evaluación continua ayudará a fortalecer la efectividad de tu ministerio.

La habilidad para crear buenas preguntas es una destreza vital para un ministerio efectivo. A medida que leas el Nuevo Testamento detenidamente, descubrirás que Jesús ministraba a la gente más con sus preguntas que con sus respuestas, invitando a las personas a encontrar la verdad por ellas mismas. El ministerio de grupos pequeños nos permite pasar menos tiempo relatando y más tiempo preguntando... representando con esto más estrechamente el ministerio de Cristo.

08

TRES CLASES DE PREGUNTAS DE ESTUDIO BÍBLICO PARA FORMULAR

Esas tres clases son preguntas de observación, de interpretación y de aplicación.

Observación
Estas son preguntas relacionadas con los hechos:
¿Qué dice el pasaje?

Las preguntas de observación —y sus respuestas— aseguran que los chicos conozcan los meros hechos de un pasaje bíblico, en vez de lanzarse a una interpretación del mismo. Cuando los estudios bíblicos se van por las ramas, a menudo es porque los miembros del grupo comienzan a interpretar el texto antes de conocer los hechos.

Las preguntas de observación te ayudan a ti y a tus alumnos a examinar cuidadosamente el pasaje y a encontrar juntos detalles importantes... detalles que los individuos pueden pasar por alto si están solos.

Tus alumnos descubrirán el valor de la lectura cuidadosa y de la reflexión, y es de esperar que apliquen esta práctica a su propio estudio de la Palabra de Dios. Esta puede ser una vía a través de la cual Dios comience a revelar algo que ellos necesitan ver en sus propias vidas.

De modo que inicia tu estudio bíblico con dos o tres preguntas sobre los hechos, comenzando con palabras como quién, qué, describe, encuentra, o haz una lista. No dediques la mayor parte de tu tiempo a las preguntas de observación, pero no dejes de comenzar aquí.

Interpretación
Estas son preguntas de significado: ¿Qué significa este pasaje?

Este es el próximo nivel de interrogatorio, en el cual tus preguntas deben animar a los chicos a compartir sus pensamientos sobre lo que piensan que significa un versículo o un pasaje. Las preguntas de interpretación, a menudo comienzan con las palabras por qué, cómo, o explica. Tales preguntas conducen a los alumnos a leer y entender la Biblia por ellos mismos. Si Dios está comenzando a hablarles a través de la observación de un pasaje, tus preguntas de interpretación permitirán una exploración más profunda y proveerán un puente hacia las preguntas de aplicación, las cuales en última instancia personalizan el texto.

A través de las preguntas de interpretación los alumnos combinan sus observaciones con pensamientos sobre sus observaciones, haciendo que vayan de la lectura del pasaje a involucrarse en él. Al igual que las parábolas de Jesús, tus preguntas deben hacer participar a tus alumnos, de modo que vean cómo el pasaje les habla a sus vidas. Al abrirse paso con preguntas de interpretación, los alumnos verán las verdades de las Escrituras en relación con la fe y la vida presentes.

Aplicación
Estas son preguntas de relevancia personal: ¿Qué significa este pasaje para mí?

Las preguntas de aplicación son preguntas de interpretación con un toque personal. Demandan más bien una reflexión personal que una respuesta objetiva. Estas preguntas también requieren de un desplazamiento completo desde una discusión de significado general del pasaje hacia una discusión de su relevancia para la vida.

Las preguntas de aplicación pueden ser las más difíciles de formular, pero son el eslabón esencial entre el estudio bíblico y la vida diaria de tus alumnos.

Con frecuencia es en este tipo de preguntas que se invierte la mayor parte del tiempo de un estudio bíblico en una célula o grupo pequeño. La meta de las preguntas de aplicación es que los chicos se encuentren a sí mismos en el pasaje que están estudiando, para luego descubrir cómo el significado del texto les habla a sus propias vidas. Preguntas de aplicación típicas son: «¿Con cuál persona en esta historia te identificas más?», «Si tú estuvieras con Jesús (en este pasaje), ¿qué te diría?».

Esta puede ser la parte más importante del estudio bíblico de tu grupo pequeño, dado que es a través de tales preguntas que tus alumnos desarrollan una compresión más personal de su fe y descubren cómo ser cristianos en su mundo de todos los días.

A partir de la página 91 hay una lista enorme de preguntas de observación, interpretación y aplicación sobre estudios bíblicos y estudios temáticos comunes. Usa estas preguntas así como están, o como ejemplos para hacer tus propias preguntas de estudio bíblico.

09

TRABAJO CON PERSONALIDADES DIFERENTES

EN UNA CÉLULA O GRUPO PEQUEÑO

TRABAJO CON PERSONALIDADES DIFERENTES EN UNA CÉLULA O GRUPO PEQUEÑO

Sabes cómo se manifiestan las personalidades individuales en un grupo pequeño, aun si este es una familia. Tu desafío como líder de célula es aprender a trabajar con las personalidades de tu grupo y ayudar a tus alumnos a crecer individualmente, mientras aprenden a funcionar como grupo.

Aquí hay seis tipos de personalidades de alumnos, la mayoría de las cuales podrás encontrarlas en un típico grupo pequeño de adolescentes. El propósito no es estereotipar a los alumnos, sino ayudarte a anticipar rasgos y características comunes que encontrarás en tu grupo pequeño, para luego ayudarte a encontrar maneras de ministrar a los chicos de forma más efectiva.

El conversador

Este es el alumno de tu grupo pequeño que nunca para de hablar, que siempre tiene un comentario para todas las cosas. Te sientes tentado a usar cinta adhesiva para tapar su boca, pero no lo hagas... hay formas más productivas de tratar a este alumno. Primero, ubica al conversador cerca de ti cuando comienzas tu grupo. Esto reduce el contacto visual con él cuando formulas una pregunta, y cuando interrumpe a alguien, te permite estirar tu mano y tocar su brazo (usualmente una señal silenciosa pero efectiva). Si tienes un grupo entero de conversadores, tal vez necesites probar la regla básica que estipula que el grupo pequeño debe hacer circular un objeto —un animal de peluche, una pelota, lo que sea— y que el alumno debe tenerlo en su mano antes de hablar. Esto ayudará a los conversadores a esperar su turno.

Es probable que el conversador tenga alguna habilidad natural de liderazgo que debieras alentar. De modo que deja que él dirija el grupo pequeño de vez en cuando. Esto puede ayudarlo a apreciar lo que soportas como líder, y tal vez te respalde más cuando tú diriges.

Si el problema persiste, aparta un tiempo para estar a solas con él y conversar sobre el dar a otros la oportunidad de contestar las preguntas. Ayúdalo a sentir que él está en tu equipo, y que los dos necesitan trabajar juntos para alentar a los otros alumnos a responder.

El pensante

Este alumno es más silencioso (y por lo general más tímido) que los demás, con una tendencia a ser ahogado por las personalidades más bulliciosas de tu grupo. De modo que hazlo resaltar ubicándolo frente a ti para aumentar las oportunidades de contacto visual contigo. También puedes usar el método probado y cierto de ocasionalmente dirigir preguntas a alumnos específicos, y de esa manera obtener respuestas de parte del alumno pensante.

Si este alumno es particularmente tímido, pasa tiempo a solas con él para descubrir en qué está interesado, y así poder crear las clases de preguntas que lo incorporarán a la discusión. Usa el refuerzo positivo de afirmarlo en aquellas ocasiones en las que sí responde públicamente. Y cuando él se repliegue otra vez en el silencio, no interpretes el silencio como algo que necesita ser reparado. Algunos chicos simplemente aprenden mejor escuchando y observando... y es muy probable que él sea uno de ellos.

El chico de iglesia

Es probable que este chico haya pasado en la iglesia más horas que tú. Ha avanzado desde la clase maternal hasta el salón de la escuela secundaria en el transcurso de sus 14 ó 15 años allí. En consecuencia, él sabe más sobre la Biblia que ninguno de los otros chicos del grupo de adolescentes, y ni qué hablar de los de su grupo pequeño. Por supuesto, su conocimiento puede o no indicar profundidad espiritual.

Los chicos de iglesia pueden ser los más difíciles de alcanzar porque lo han oído todo, y por lo tanto, sienten que no tienen nada que aprender. Una manera de desafiarlos es no sentirse satisfecho con respuestas fáciles. Siempre pregunta por qué. O juega el papel de abogado del diablo contrarrestando sus respuestas impecables y correctas con argumentos provocativos del otro lado de asunto. Tales estrategias por lo general fuerzan al chico de iglesia a pensar más profundamente en sus respuestas, en lugar de simplemente recitarlas.

Pídele a él que te ayude a crear preguntas para un estudio bíblico, o incluso deja que lidere el grupo pequeño de vez en cuando. De cualquier manera, evita formular preguntas que inviten a una respuesta «correcta». Opta, en cambio, por preguntas que dejen lugar para una variedad de respuestas válidas.

El que distrae
Este es el alumno que no puede sentarse quieto y termina distrayendo a todos en tu grupo pequeño... incluso a ti mismo. En lugar de reprimirlo constantemente, dirige su energía hacia fines productivos: pídele que te ayude a repartir las Biblias, a acomodar las sillas, a servir refrescos. O puedes (y este es un buen consejo para todos los grupos pequeños, con o sin chicos que distraen) organizar con tu grupo algunas experiencias de aprendizaje activo, como lecciones objetivas o trabajos de campo, en lugar de simplemente sentarse y conversar semana tras semana.

Quizás entiendas mejor a este alumno (y de dónde viene su energía) si te reúnes con él fuera del grupo pequeño. Incluso un alumno que distrae puede ser bueno para tu grupo, aunque sea porque no te permite arreglártelas con estudios bíblicos aburridos. Acuérdate de esto cuando te sientas tentado a abandonar. En realidad, tus cualidades de liderazgo se agudizarán a medida que encuentres maneras de involucrarlo a él en tu clase, así como también a los alumnos tranquilos.

ACTIVIDAD GRUPAL
ADOPTA UNA PERSONALIDAD

¿ESTÁS TRABAJANDO EN ESTE MANUAL JUNTO CON OTROS LÍDERES DE GRUPOS PEQUEÑOS? ENTONCES PRUEBA ESTE EJERCICIO QUE LOS FAMILIARIZARÁ A TODOS USTEDES CON PERSONALIDADES COMUNES DE CHICOS DE SUS GRUPOS PEQUEÑOS.

Necesitarán lapiceros, tarjetas pequeñas y la sección «Cien preguntas listas para usar en estudios bíblicos de grupos pequeños» que aparece en este libro (la cual comienza en la página 91). Si el grupo es grande, divídanse en grupos más pequeños de entre cinco y ocho integrantes. Designen a un líder del grupo, el cual enumerará las tarjetas pequeñas del 1 al 6 y luego las distribuirá entre los miembros del grupo. Permitan que el líder sea el de más experiencia en el trabajo con chicos. No tienen que usar todas las tarjetas. Una vez que obtienes una tarjeta, establece la correspondencia entre el número de la tarjeta y las personalidades de los adolescentes en la lista que aparece abajo. ¡Y adopta esa personalidad! No le digas al grupo cuál personalidad estás representando. Permite que traten de adivinar.

1. **EL CONVERSADOR**—nunca deja de hablar, siempre tiene un comentario para todo.
2. **EL PENSANTE**—extremadamente tímido, no habla, se guarda todo para él.
3. **EL CHICO DE IGLESIA**—creció en la iglesia, tiene todas las respuestas correctas, poca profundidad espiritual.
4. **EL QUE DISTRAE**—no se puede estar quieto, distrae a todos en el grupo.
5. **EL DISCUTIDOR**—siempre está haciendo de abogado del diablo, argumenta sobre todo punto.
6. **EL PRODUCTOR DE CRISIS**—siempre está en una crisis, tiene una ilustración personal para todo.

Ahora, usando uno de los estudios bíblicos de la sección «Cien preguntas listas para usar en estudios bíblicos de grupos pequeños», dramaticen un estudio bíblico de grupo pequeño durante cinco minutos, más o menos.

Cuando hayan terminado, traten todos de adivinar cuál personalidad asumió cada uno. Compartan cualquier idea que tengan sobre cómo trabajar con estas personalidades. Luego, comenzando en la página 91, lean con detenimiento las descripciones de cada una de las personalidades. Estas incluyen sugerencias para trabajar con ellas.

El discutidor

Él te irrita desafiando cada punto que tú (o cualquier otro) trata de establecer. Es seguro que, algunas veces, trae al grupo una energía creativa. Pero con frecuencia reprime a los otros chicos haciéndolos sentir demasiado amenazados como para expresar sus opiniones o sentimientos.

Trata con el discutidor estableciendo reglas básicas para tu grupo pequeño, siendo la primera (y quizás la única): Está bien no estar de acuerdo con las opiniones de otros, pero es inapropiado atacar o humillar a otros miembros del grupo pequeño si sus opiniones difieren de las tuyas. Una segunda regla básica puede ser que solo puede hablar una persona a la vez. Las reglas básicas como estas ayudan a que una crítica del discutidor sea menos cáustica y le impide interrumpir a los demás para establecer su punto de vista.

La buena noticia es que una vez que los discutidores entienden y se ajustan a tales reglas, sus aportes pueden en verdad animar tu discusión. Simplemente recuerda que tu meta es dirigir, no reprimir su participación.

El productor de crisis

Este alumno está en crisis perpetua... y se lo hace saber a tu grupo pequeño en todas las reuniones. Con frecuencia él está concentrado en sí mismo y por lo tanto no puede participar en la discusión, excepto cuando esta se enfoca en él. De modo que reúnete con él antes del momento de comenzar con tu grupo pequeño, para que hable sobre sus problemas solo contigo en lugar de traerlos al grupo. (¡Qué suerte tienes!). O comienza la discusión de tu grupo pequeño asegurando que todos tendrán la oportunidad de compartir sus problemas, pedidos de oración, etc., al final de la reunión del grupo. Esto ayuda a los miembros —y en especial a los productores de crisis— a permanecer concentrados en tu estudio bíblico.

Sea cual sea tu estrategia con el productor de crisis, tu meta a largo plazo es ayudarlo a ver algunas soluciones más allá de sus crisis, y luego a participar en tu grupo pequeño sin tener que atraer la atención sobre él constantemente.

¿Y qué hacer si un alumno provoca una crisis legítima durante la discusión? Sé lo suficientemente flexible como para posponer tu estudio y tratar el asunto emergente.

10

PUEDES AYUDAR A TUS CHICOS

PARA QUE APRENDAN A ORAR

Orar en voz alta puede intimidar, en especial a los chicos que son nuevos en la fe. Sin embargo, orar juntos puede ser una de las experiencias más alentadoras y que más estrecha los vínculos en tu grupo. Como líder de célula tendrás el privilegio de guiar a tus alumnos en oración —posiblemente por primera vez— ayudándolos a aprender a hablarle a Dios (y a escucharlo). Aquí hay algunos consejos:

1. Anima a los alumnos a orar modelando más bien que dando instrucciones.

Como la mayoría de los adultos, los alumnos tienden a pensar que orar requiere de un lenguaje o de un tono de voz que ellos nunca usan en la vida diaria... generalmente profundo y grave, con muchas palabras no usuales y formales. Con frecuencia esto es así debido a lo que han observado en la iglesia. Tu propio ejemplo demostrará que esta formalidad no es necesaria; pueden simplemente orar con sus propias palabras.

Cuando Jesús enseñó sobre la oración usó el Padrenuestro como guía. Los animó (y nos animó) a orar simple y directamente, en lugar de parlotear usando muchas palabras (Mateo 6:7). Jesús con frecuencia se dirigió a Dios como Abba, palabra que al ser traducida del griego significa «papi» en vez de «padre». Dios desea que nosotros seamos francos y nos dirijamos a él en forma íntima.

Tal vez te sientas cómodo con un cierto estilo de oración, y está bien. El punto aquí es mostrar a tus alumnos que sus oraciones pueden ser personales y simples. De modo que, si puedes orar simple y naturalmente con tus alumnos, ellos verán que está bien orar de manera similar dentro y fuera de tu grupo.

2. Aclara que la oración es hablarle (o escuchar) a Dios, no unos a otros.

Algunos chicos se sienten cohibidos al orar en público por primera vez, incluso si es en un grupo pequeño. De modo que recuérdales antes de orar que no están hablando unos con otros, sino con Dios.

Una manera de aliviar su inhibición es orar juntos con oraciones de una palabra, o con frases cortas de acción de gracias. Haz que recorran el alfabeto, nombrando cosas por las que están agradecidos que comiencen con cada letra. O empieza una oración y permite que tus alumnos la terminen: «Dios, estoy agradecido por...», o «Por favor ayúdame a...», o (mi oración personal favorita) «Mi líder de adolescentes es genial porque...».

A la larga, tus alumnos llegarán a sentirse cómodos conversando con Dios y podrán pasar largos períodos de tiempo orando juntos. La experiencia de orar en un grupo será la primera para muchos de los chicos, y será su paso inicial para aprender a comunicarse con Dios de manera más regular.

3. No des consejos o pases chismes y llames a eso orar.
Tanto los adolescentes como los adultos, intencionalmente o no, son capaces de verbalizar en forma de oración alguna información que no debe ser verbalizada. «Por favor Señor, ayuda a Bill a dejar de andar de fiesta en fiesta», o «Dale a Susana sabiduría mientras enfrenta su embarazo». Bill y Susana tal vez necesiten oración, pero no necesitan gente que hable de ellos. Termina pronto con esta tendencia, animando a tus alumnos

a orar por sus amigos de forma anónima. (Después de todo, Dios sabe quiénes son). Esto ayudará a tus alumnos a orar más y más para el beneficio de los oídos de Dios en vez de para ser escuchados por cada uno de ellos.

Si tus chicos quieren orar específicamente, permite que comiencen con sus propias debilidades y dilemas, en vez de difundir al resto del grupo los fracasos de un amigo. (Este es también un buen consejo para grupos pequeños de adultos). Con frecuencia, tus alumnos descubrirán que son reticentes para compartir sus propias debilidades, y esto los ayudará a entender por qué es inapropiado compartir las de sus amigos (a menos que ese amigo específicamente haya pedido oración).

Cuanto más oren unos por otros, más estrechos se tornarán los vínculos en tu grupo. Los alumnos son alentados por las respuestas de Dios en sus propias vidas y en las vidas de los demás, lo cual puede fortalecer y construir su fe.

4. No pases tu tiempo de oración hablando acerca de por qué cosas orar.
Esta es una trampa fácil dentro de la cual una célula o grupo pequeño puede caer. Teniendo 15 minutos para orar, pasan de 12 a 13 minutos compartiendo pedidos de oración, y de repente se dan cuenta de que solo les quedan dos minutos para orar. Por desdicha, cuando esto se transforma en un patrón, tu grupo termina por pasar mucho más tiempo compartiendo preocupaciones que orando por ellas.

De vez en cuando divide a tu grupo en pares, de modo que puedan compartir sus pedidos y orar juntos. Esto proveerá del tiempo que se necesita para que los individuos compartan y se ore por ellos. Esto también les da a los alumnos tímidos la oportunidad de orar en voz alta. A pesar de que orar juntos puede parecer incómodo o causar miedo al principio, orar en voz alta con otros cristianos los ligará de una manera única.

Lo más importante es que usen su tiempo de oración para hacer eso, no para hablar sobre ello. Si les falta el tiempo, corta por lo sano. Prescindan por completo del intercambio de pedidos de oración, diles a tus chicos que oren por sus preocupaciones a Dios, y asegúrales que el grupo orará juntamente con ellos. Usa tus propias acciones como líder de grupo pequeño para enfatizar la importancia de la oración.

5. Deléitate en el silencio.
Los momentos de silencio durante la oración en público hacen que algunos alumnos (y líderes) se sientan incómodos o en situación embarazosa. Los alumnos por lo general seguirán tu guía. Si tú te sientes cómodo con el silencio, ellos también. Y tú comunicarás a través de tus acciones que estás concentrado en estar en la presencia de Dios.

Antes de orar, sugiéreles a los alumnos que usen los intervalos de silencio para orar en silencio. Algunos alumnos se sentirán más cómodos con esto, de todas maneras. Los chicos hoy tienen muy pocas oportunidades de estar en silencio. Podría ser un tiempo de valor para tu grupo. Y pasar un tiempo en silencio frecuentemente puede ser la parte más significativa de la oración, porque le dan a Dios espacio para hablar.

No sientas que siempre tienes que llenar el silencio con palabras, aun cuando puede ser tentador si percibes cierta inquietud en tus alumnos. Es bueno para tu grupo aprender que la oración es más que recitar una lista de pedidos. Al aprender a deleitarse en el silencio, tus alumnos aprenderán que la oración es escuchar a Dios tanto como hablarle.

6. Asegúrales a los alumnos que ellos pueden orar libremente.

El crecimiento de los adolescentes en la oración se cultiva tanto a través de tu restricción como a través de tu instrucción. Habrá veces en las que tendrás deseos de corregir las oraciones de tus alumnos, pero es mucho más beneficioso para ellos desarrollar confianza en la oración que «decirlo bien». Las oraciones de tus alumnos pueden ser refrescantes para tu propia vida de oración. A menudo te proveen de humor y deleite, como sin dudas lo hacen con Dios. Así como Jesús les recordó a sus discípulos: «Dejen que los niños vengan a mí, y no se lo impidan» (Mateo 19:14), del mismo modo él nos recuerda a nosotros, como obreros juveniles, que debemos permitir que nuestros chicos se acerquen al trono con confianza y gracia.

Si algún alumno expresa alguna teología particularmente poco feliz durante la oración, no lo corrijas... por lo menos no en esa reunión. Toma nota mentalmente para encontrar una oportunidad en el futuro, tal vez durante un tiempo personal con él, o a través de una lección o de un estudio bíblico sobre la oración. Trata de no corregir a tus alumnos en el momento en que cometen un error, porque aun cuando se rían, esto puede inhibirlos para orar libremente en el futuro. Estas clases de errores por lo general se resuelven con el tiempo, a medida que los chicos aprenden más y crecen en su fe. Mientras más experiencia tengan en la oración, más cómodos llegarán a sentirse... y más íntima será su relación con Dios.

7. Lleva un diario de oración para tu grupo.
Demuestra el valor de la oración llevando un diario de los pedidos de oración de tu grupo pequeño. Tu grupo se va a sentir animado al ver la fidelidad de Dios. Con frecuencia, las preocupaciones de ayer se olvidan o se reemplazan por preocupaciones más apremiantes en el día de hoy, y perdemos la oportunidad de celebrar la bondad de Dios.

De vez en cuando, repasa las maneras en que Dios ha respondido las oraciones de los alumnos... o cómo, aparentemente, todavía no las ha respondido.

Habla acerca de si sus respuestas fueron o no lo que ellos esperaban. Esto proveerá una ilustración sobre el propósito de la oración. También enseñará sobre lo mucho que el observar las formas en que Dios trabaja en nuestras vidas cambia nuestra perspectiva. Llevar un diario de oración ayuda a tus alumnos a ver cómo Dios está trabajando en sus vidas. A pesar de que sus respuestas no son siempre lo que esperamos, en general son lo que necesitamos. Los chicos serán testigos de cuán vivo y activo está Dios en sus vidas.

A medida que tus alumnos tracen un gráfico de sus oraciones a través del tiempo, también podrán ver cómo sus oraciones cambian a medida que maduran. Como una medición de crecimiento escrita con lápiz en la pared, tu diario de oración será un gráfico del crecimiento espiritual de tus chicos. Esto dará un testimonio por escrito del poder de Dios. Tus alumnos recibirán aliento para seguir orando y ver que Dios es digno de su confianza.

8. Cada semana, asigna nuevos compañeros de oración para un apoyo continuo.
Ayuda a que los chicos aprendan a orar unos por otros fuera de las reuniones asignando compañeros de oración para la semana. Esto proveerá de un apoyo continuo entre las reuniones del grupo pequeño, los ayudará a desarrollar (y a profundizar) sus momentos personales de oración, y ayudará a construir amistades más estrechas dentro de tu grupo.

A medida que los alumnos se sostienen unos a otros en oración, aprenderán a preocuparse por los demás... y aprenderán el valor del apoyo cristiano. Dios no nos diseñó para vivir la vida cristiana solos, y cuanto más rápido los chicos entiendan esto, más probable será que soliciten esta clase de apoyo en el futuro. Romanos 12:4-5 dice: «Pues así como cada uno de nosotros tiene un solo cuerpo con muchos miembros, y no todos estos miembros desempeñan la misma función, también nosotros, siendo muchos, formamos un solo cuerpo en Cristo, y cada miembro está unido a todos los demás». Pablo recurre a la analogía del cuerpo humano para mostrar que el apoyo cristiano no es una opción, sino una parte integral de nuestra fe.

Tus alumnos no siempre tendrán a tu grupo pequeño para que los anime. Pero si ellos se dan cuenta de su necesidad de apoyo a través de la experiencia de tu grupo, habrás hecho una contribución incalculable a sus vidas. Dejarán tu grupo en busca de otros grupos de los que formar parte, y esto los mantendrá afirmados en la fe.

DIEZ IDEAS

PARA CONSTRUIR UNA COMUNIDAD

EN TU GRUPO PEQUEÑO

11

1. Un tiempo de afirmación.

Planea un momento durante el cual tu grupo pequeño dedicará un tiempo para afirmar a cada individuo. Quizás necesites limitar o incluso emparejar el número de afirmaciones que recibe cada alumno usando esta regla básica: solo dos personas pueden decir algo acerca de un alumno. Esta es una manera fabulosa para que los alumnos obtengan el refuerzo positivo que necesitan.

2. Notas pegadas en secreto.

¡Diviértanse alentándose unos a otros! Sugiere a tus alumnos que escriban comentarios en papeles autoadhesivos que afirmen a otros miembros del grupo. Luego, diles que se los hagan llegar unos a otros en forma secreta, durante la semana. Alienta la creatividad. Sin que nadie los vea, pueden dejar las notas en armarios, libros de texto, parabrisas de autos, espejos del baño, etc.

3. Rindan cuentas a la mañana siguiente.

Tus alumnos pueden mantenerse responsables unos hacia otros, asociándose por parejas y llamándose a la mañana siguiente a una fiesta o a una cita. ¡El simple hecho de saber que van a recibir esa llamada podría ser importante para su comportamiento la noche anterior!

4. La cena progresiva.

Llega a saber más acerca de tus alumnos —y de sus familias— al tener una cena de varios platos, cada uno servido en la casa de un alumno diferente. Agrega sabor a esta cena clásica dando a tus alumnos no direcciones sino pistas para la casa siguiente (como las de la búsqueda del tesoro, si quieres ser extravagante), las cuales deban descubrir como grupo.

5. La noche de la dama y el vagabundo.

¿Quieres probar un encuentro de grupo creativo? En esta versión, los chicos invitan a las chicas a comer espaguetis. Para esa noche, las chicas se visten de gala, los chicos de manera informal, y solamente las chicas comen con vajilla fina. Terminan la noche mirando la película *La dama y el vagabundo*, de Disney.

6. Ceremonia de reconciliación.

Este es un momento en tu grupo pequeño para que los alumnos se pidan disculpas o se confronten unos a otros, ya sea verbalmente o por escrito. Primero lee Mateo 5:23-24 y dales un tiempo de silencio para que Dios les hable (un tiempo largo, si fuera apropiado). *Luego* comienza el proceso de reconciliación, no importa la forma que este adopte.

7. Compromisos dirigidos a sí mismos.
Aprovecha la sesión de cierre de un campamento o retiro para pedirles a los miembros de tu célula que escriban en privado una decisión a la que se comprometen, que la sellen dentro de un sobre, le escriban la dirección de su casa y que te la den. En algún momento durante las próximas dos semanas, envía por correo todos los sobres a los alumnos, como un recordatorio de sus decisiones.

8. Alquiler de un padre o una madre.

Primero, aclara la idea con los padres de los miembros de tu grupo pequeño. Luego, sugiere a los alumnos que si alguno de ellos necesita una figura materna o paterna por cualquier razón que fuere —un reconocimiento en una reunión de la escuela, una actividad para padre e hija o madre e hijo, asistir a un partido o a una actuación en la que el chico participe, o simplemente para andar en auto, pasear o cenar— pueden compartir el padre o la madre de otro alumno para ese propósito.

9. Adopción de una familia.

Tu grupo pequeño adopta una familia de la iglesia o comunidad que esté atravesando un tiempo difícil, ya sea financiero, emocional, o en el hogar. Podrían escribir notas, dejar una caja de alimentos en su puerta, cocinarles una comida, etc. Esta es una gran manera para que un grupo pequeño adquiera la habilidad de servir.

10. Apadrinamiento de un niño a través de alguna organización de ayuda.

Por poco dinero al mes, tu grupo pequeño puede alimentar, vestir y educar a un niño. Puedes consultar con diferentes organizaciones de ayuda como por ejemplo Compassion International (12290 Voyager Parkway Colorado Springs, CO 80921 - (800) 336-7676 www.compassion.com).

CIEN PREGUNTAS LISTAS PARA USAR EN ESTUDIOS BÍBLICOS DE GRUPOS PEQUEÑOS

12

Aquí tienes preguntas para diez estudios bíblicos comunes en grupos pequeños: cinco estudios del texto bíblico (dos de Génesis, un Salmo y selecciones del Evangelio de Marcos y de la carta a los Efesios) y cinco estudios temáticos (amistad; familia; autoestima; amor, sexo y citas; y comparte tu fe). Las preguntas están organizadas de acuerdo a si son preguntas de observación, interpretación o aplicación. (Ver páginas 59-61 para saber cómo usar estas tres clases de preguntas).

LA CREACIÓN
Génesis 1—2

Observación

1. Lee Génesis 1:1. ¿Qué pregunta responde acerca de la creación? ¿Qué preguntas no responde?

2. Lee en el capítulo 1 los versículos 3, 6, 9, 14, 20, 24 y 26. ¿Qué similitudes encuentras en estos versículos? ¿Qué información nos dan acerca de cómo Dios creó el mundo?

3. ¿Qué dice el capítulo 1, versículos 26-28, acerca de cómo nosotros fuimos creados? ¿Qué dice Génesis 2:4-24? ¿Qué tienen en común estos pasajes? ¿En qué se diferencian?

Interpretación

4. ¿Cómo se nos presenta Dios en la Biblia? ¿Por qué piensas que se nos presenta de esta manera?

5. El capítulo 1, versículos 26-27, explica que Dios creó a los seres humanos a su imagen y semejanza. ¿Qué piensas que esto significa? ¿Cómo nos parecemos a Dios?

6. ¿Qué piensas que significa para los seres humanos gobernar sobre la creación? ¿Cómo piensas que nos está yendo en esto?

Aplicación

7. ¿Cómo se compara este relato de la creación con lo que has aprendido sobre los comienzos del mundo? ¿En qué cosas es compatible? ¿En cuáles es incompatible?

8. ¿Qué evidencias ves (si es que ves alguna) de que Dios creó al mundo?

9. ¿Qué evidencia ves (si es que ves alguna) de que Dios te creó a ti?

10. ¿Cómo ves la imagen de Dios reflejada en tu vida? ¿En qué maneras eres semejante a Dios? ¿En qué maneras eres diferente de Dios?

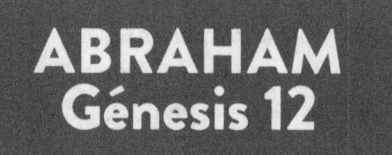

ABRAHAM
Génesis 12

Observación

1. ¿Qué dice Dios la primera vez que le habla a Abraham (versículos 1-2)? ¿Qué promesa le hace? ¿Qué tiene que hacer Abraham para recibir esta promesa?

2. ¿Cuál es la respuesta de Abraham a Dios (versículo 4)? ¿Dice algo? ¿Qué hace?

3. ¿Qué hace Abraham cuando llega a Egipto (versículos 10-13)? ¿Cuál es el resultado (versículo 17)?

Interpretación

4. ¿Cómo piensas que se sintió Abraham cuando Dios le habló (versículos 1-2)? ¿Qué te dice su respuesta con respecto a la relación entre ellos?

5. ¿Qué razones podría haber tenido Abraham para no ir donde Dios le dijo que fuera? ¿Qué razones pudo tener para ir?

6. Después de dar ese paso de fe inicial, ¿por qué piensas que Abraham mintió acerca de Sara una vez que llegó allí? ¿Cambia eso tu perspectiva sobre Abraham? ¿Por qué sí o por qué no?

Aplicación
7. ¿Cómo te identificas con Abraham en este pasaje? ¿Te identificas más cuando él sigue a Dios, cuando miente acerca de Sara... o en ambos casos? ¿Por qué?

8. ¿Cuál es el más grande paso de fe que alguna vez hayas dado? ¿Cuál fue el resultado?

9. ¿Cómo calificarías tu fe en una escala del 1 a 10 (1 es falta de fe y 10 es una fe sin mancha)? ¿Por qué?

10. ¿Qué necesitas de parte de Dios para aumentar tu fe (si es que necesitas algo)? ¿Qué necesitas hacer para aumentar tu fe (si es que necesitas algo)?

SALMO 27

Observación
1. ¿Qué dice David acerca de Dios en los versículos 1-2? ¿Qué preguntas formula?

2. ¿Qué pide David de parte del Señor (versículo 4)? ¿Cuáles dice que serán los resultados (versículos 5-6)?

3. En este salmo hay otras cinco cosas que David pide de parte de Dios (versículos 7-12). ¿Cuáles son?

Interpretación

4. ¿En qué se concentra David al comienzo del salmo? ¿Por qué piensas que comienza de esta manera?

5. ¿Qué piensas que significa habitar en la casa del Señor (versículo 4)? ¿Significa estar en la iglesia todo el tiempo?

6. ¿Qué dice David en este salmo que él hace para enfrentar su temor? ¿Cuál es su estrategia?

7. ¿Obtiene David una respuesta al final del salmo? ¿Qué te dice esto sobre la manera en que el Señor obra?

Aplicación

8. ¿En qué momento de tu vida has tenido más miedo? ¿Qué hiciste para manejarlo?

9. ¿Alguna vez has tenido la experiencia de sentir la presencia de Dios cuando tenías miedo? ¿Qué te pareció?

10. ¿Por qué piensas que tenemos que poner la esperanza en el Señor (versículo 14)? ¿Qué nos pasa cuando esperamos? ¿Qué razones posiblemente podría tener Dios para hacernos esperar?

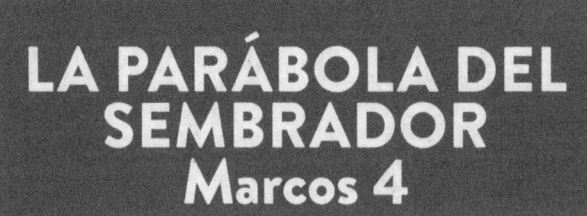

LA PARÁBOLA DEL SEMBRADOR
Marcos 4

Observación

1. ¿A quién le contó Jesús esta parábola? ¿Dónde estaba cuando la contó (versículo 1)?

2. Esta parábola es sobre un granjero, algunas semillas y varios tipos de terreno. De estos tres «protagonistas», ¿cuáles son los dos que permanecen constantes a través de la historia? ¿Cuál cambia? ¿Cómo cambia?

3. ¿Por qué dice Jesús que él habla en parábolas (versículo 12)? ¿Cómo se relaciona eso con lo que dice en el versículo 9?

Interpretación
4. ¿Quién piensas que es el granjero en esta parábola? ¿Qué representa la semilla?

5. ¿Qué clases de personas están representadas por los cuatro terrenos? ¿Conoces a gente como esta?

6. ¿Por qué piensas que Jesús contó esta historia? ¿Cómo piensas que se sintió la gente cuando la oyó?

7. ¿Qué quiso decir Jesús cuando dijo: «El que tenga oídos para oír, que oiga»?

Aplicación
8. ¿Cuál terreno te representa mejor en este momento?

- El camino: en realidad no sientes una necesidad de Dios o de su Palabra.
- El terreno pedregoso: has hecho un compromiso, pero tu fe es bastante superficial.
- El suelo con espinos: has hecho un compromiso, pero otras cosas se acumulan y te distraen.
- El buen terreno: has hecho un compromiso y verdaderamente estás viviendo de acuerdo a tu fe.

9. ¿Cuál terreno representa mejor el lugar en el que te gustaría estar?

10. ¿Qué necesitarías para llegar allí? (Cambiar prioridades, conseguir algunos nuevos amigos, el respaldo de tu familia, etc.).

EFESIOS
Capítulo 1

Observación
1. De acuerdo a los versículos 3-9, ¿qué cosas nos ha dado Dios?

2. El versículo 4 dice que fuimos escogidos por Dios. De acuerdo a este versículo, ¿cuándo ocurrió esto? ¿Qué dice este versículo acerca de por qué fuimos escogidos?

3. Mira los versículos 11-12. ¿Qué dicen acerca de por qué fuimos escogidos? ¿Cuál fue el propósito de Dios al escogernos?

Interpretación
4. ¿Piensas que es realmente posible para nosotros ser santos y sin mancha delante de Dios (versículo 4)? ¿Por qué sí o por qué no? ¿Cómo se vincula a esto el versículo 7?

5. ¿Qué piensas que significa ser escogidos por Dios (versículos 4-5, 11-12)? ¿Qué efecto tiene esto en nuestras vidas, si es que tiene alguno?

6. De acuerdo a los versículos 5-6, ¿por qué quiso Dios que fuéramos sus hijos? ¿Qué te dice esto acerca de los sentimientos de Dios hacia nosotros?

Aplicación
7. Cuando te hiciste cristiano, ¿de qué plan tu vida llegó a ser parte (versículos 11-12)? ¿Cómo te ves a ti mismo encajando en el propósito de Dios para el mundo?

8. ¿Qué metas tienes para tu vida? ¿El hecho de ser cristiano afecta las metas que tienes para tu vida? ¿Por qué sí o por qué no?

9. ¿Sientes que desempeñas un papel significativo en la vida hoy? ¿Por qué sí o por qué no?

10. ¿Cuáles son algunas de las cosas que podrías hacer para que tu vida sea más significativa? (¡Sé específico!). ¿Qué demandaría de ti el hacer estas cosas?

AMISTAD

Discusión de apertura
1. Piensa en una amistad, presente o pasada, que haya sido importante para ti. ¿Qué era lo que hacía que esa amistad fuera especial?

2. ¿Cuáles dirías que son las tres cualidades más importantes de una buena amistad? ¿Por qué son importantes?

Observación/Interpretación
Lee 1 Samuel capítulo 20, luego responde estas preguntas:

3. ¿Cómo mostraron David y Jonatán su compromiso el uno con el otro?

4. ¿Quién piensas que estaba en la posición más difícil? ¿Por qué?

5. Piensa en los sentimientos que Jonatán tenía hacia David, quien evidentemente sería el nuevo rey... en lugar de Jonatán, el hijo del rey. ¿Alguna vez has tenido una amistad en la que tu amigo tenía algo que tú querías? ¿Cómo lo manejaste?

6. ¿Cuáles son algunas de las cosas que podrías hacer para permanecer comprometido con una amistad si estuvieras en la situación en la que se encontraba Jonatán? ¿O si estuvieras en la situación de David?

7. El versículo 17 dice que Jonatán quería a David como a sí mismo. ¿Qué piensas que significa esto? ¿Alguna vez has querido a un amigo de esa manera?

Aplicación
8. Lee Proverbios 11:13 y Santiago 4:11. ¿Sobre qué nos advierten estos versículos? ¿Tienes estas luchas con tus amistades? ¿Qué clase de amigo eres?

9. Lee Mateo 5:23-24. ¿Hay algunos a los que necesites acudir con el propósito de arreglar las cosas con ellos? Si es así, ¿estás listo para hacerlo? ¿Qué harás?

10. Lee Eclesiastés 4:9-10. ¿Tienes la clase de amigo descrito en estos versículos? ¿Eres tú la clase de amigo descrito en estos versículos? ¿Necesitas trabajar más para ser un mejor amigo, ganar mejores amigos... o para ambas cosas?

FAMILIA

Discusión de apertura
1. ¿Cuál de estas cuatro palabras describe mejor la comunicación en tu hogar: inexistente, argumentativa, superficial, franca. Explica tu respuesta.

2. ¿Qué es lo que más te contraría acerca de tus padres? ¿Qué es lo que aprecias más de él o de ella?

3. Si pudieras cambiar una cosa en la vida de tu hogar, ¿cuál sería? ¿Por qué?

Observación/Interpretación

4. Lee Efesios 6:1-3. ¿Tienes problema con estos versículos? ¿Por qué sí o por qué no?

5. El versículo 3 explica el resultado de los versículos 1-2. ¿Has experimentado esto como verdadero? ¿Por qué sí o por qué no?

6. En Efesios 6:1 Pablo habla de obedecer a tus padres en el Señor. ¿Qué significa esto? ¿Existe alguna ocasión en que no deberías obedecer a tus padres? ¿Qué opinarías si te dicen que hagas algo destructivo o abusivo?

7. Lee Éxodo 20:12. ¿Qué significa honrar a tu padre y a tu madre? ¿Puedes estar en desacuerdo con tus padres y aun honrarlos? ¿Cómo?

8. Lee Proverbios 19:20. ¿Qué sugiere este versículo acerca de cómo debiéramos responder a nuestros padres? ¿Cuándo es esto particularmente difícil de hacer?

Aplicación

9. Romanos 12:9-18 hace una lista de algunas conductas cristianas que debemos poner en práctica. ¿Cuál de las conductas que siguen es para ti más difícil de vivir en tu hogar?

- Desinterés (frente a hacer de las tuyas).
- Una buena actitud (frente a contestar, quejarse, etc.).
- Paciencia (frente a la frustración o el enojo).
- Amor incondicional (frente a amar solamente cuando te dan lo que tú quieres).

10. ¿Cuáles son algunas de las cosas que podrías hacer esta semana para empezar a vivir en tu hogar en correspondencia con tu fe?

AUTOESTIMA

Discusión de apertura

1. Si alguien te dice: «Cuéntame sobre ti», ¿cuáles son las tres primeras cosas que dirías?

2. ¿Piensas que alguien tendría una buena idea acerca de quién eres basado en lo que acabas de decir? ¿Por qué sí o por qué no?

3. ¿Qué es lo que más afecta la manera en que sientes acerca de ti mismo: tus padres, tus amigos, la escuela, o los medios de comunicación (TV, revistas, películas)? ¿Por qué?

Observación/Interpretación

4. Lee el Salmo 139:13-16. ¿Qué dice este pasaje acerca de la manera como Dios te creó? ¿Sientes de la misma manera que David en el versículo 14? ¿Por qué sí o por qué no?

5. ¿Cómo afecta este salmo la forma en que sientes acerca de ti mismo? ¿Estás agradecido a Dios o enojado con él? Explica.

6. Lee 1 Samuel 16:7. ¿Cómo se compara la visión que Dios tiene de nosotros con la manera en que nos vemos unos a otros? ¿La visión de quién tiene el mayor impacto sobre la manera en que tú sientes?

7. Las tres historias siguientes tratan de personajes de las Escrituras cuyas acciones mostraron que lucharon con su autoestima. Lee por lo menos una de estas historias: Zaqueo (Lucas 19:1-10); la mujer junto al pozo (Juan 4:1-26); la mujer adúltera (Juan 8:1-11). Ahora responde estas preguntas acerca de la historia (o historias) que leíste:

- ¿Qué evidencia encuentras de que esta persona luchó con su autoestima?
- ¿Cómo trató Jesús de sanar su herida? ¿Qué dijo? ¿Qué hizo?
- ¿Te identificas con esta persona de alguna manera? Si es así, ¿cómo?

Aplicación

8. ¿Afecta la manera en que te sientes acerca de ti mismo la forma en que tratas a los demás? Si es así, ¿cómo?

9. ¿Por qué piensas que es importante que tengamos una autoestima saludable? ¿Tienes una así? ¿Qué cosa, si es que hay alguna, la mejoraría?

10. Si Dios te hablara acerca de la manera en que sientes acerca de ti mismo, ¿qué diría? ¿Qué le responderías tú?

AMOR, SEXO Y CITAS

Discusión de apertura

1. ¿Qué piensas que significa estar enamorado? ¿Hay alguna diferencia entre amar a alguien y estar enamorado de alguien? Si es así, ¿cuál es?

2. ¿Piensas que el sexo entre personas no casadas es más una expresión de amor o de deseo? ¿Hay alguna diferencia?

3. Cuando un muchacho y una muchacha adolescentes tienen relaciones sexuales, ¿piensas que cada uno lo hace por el bien de la otra persona, o simplemente para satisfacer su propio deseo?

Observación/Interpretación

4. Busca 1 Corintios 13:4-7. ¿Qué palabras se usan para describir el amor? ¿Es esta definición compatible con el amor que ves más frecuentemente en las relaciones de la escuela secundaria? Si no es así, ¿en qué es diferente?

5. Lee Génesis 1:26-28. Basado en este pasaje, ¿cuál dirías que es la actitud de Dios hacia el sexo? ¿Crees que él piensa que es bueno o malo? ¿Cuándo es bueno? ¿Cuándo es malo?

6. Lee Génesis 2:19-24. El versículo 24 dice que cuando un hombre y su esposa se unen, llegan a ser una sola carne. ¿Piensas que dos personas que tienen relaciones sexuales entre ellas llegan a ser una sola carne aun cuando no estén casados? ¿Por qué sí o por qué no?

7. Lee 1 Tesalonicenses 4:3-7. ¿Qué piensas que significa aquí la inmoralidad sexual? ¿Por qué piensas que tanta gente incurre en inmoralidad sexual? ¿Piensas que la inmoralidad sexual hace que la gente se sienta más satisfecha o menos satisfecha? ¿Por qué?

8. Lee 1 Corintios 10:23-24. ¿Cómo podrían estos versículos ayudarnos con nuestros deseos sexuales? De acuerdo al versículo 24, ¿qué debiera guiar nuestra conducta?

Aplicación

9. ¿Piensas que estás viviendo de acuerdo con el plan de Dios para tu sexualidad? Si no es así, ¿qué necesitas hacer?

10. ¿Cuáles de tus relaciones personales te han hecho sentir más cerca de Dios? ¿Cuáles te han hecho sentir más lejos de él? ¿Necesitas cambiar alguna de tus relaciones personales? ¿Qué vas a hacer para comenzar a realizar ese cambio, si es que vas a hacer alguna cosa?

COMPARTE TU FE

Discusión de apertura

1. ¿Alguna vez has tenido la experiencia de compartir tu fe? Si es así, ¿cómo te fue? Si no, ¿por qué no?

2. ¿Dónde oíste de Cristo por primera vez? ¿Quién fue el que te habló de él? ¿Cómo respondiste?

3. Si alguien te preguntara cómo llegaste a ser un cristiano, ¿qué dirías?

Observación/Interpretación

4. Lee Mateo 28:19-20. ¿Qué dice Jesús en estos versículos que debemos hacer nosotros? ¿Qué promete él hacer?

5. En Mateo 4:19 Jesús explicó a sus discípulos que se transformarían en pescadores no de peces, sino de hombres. ¿Qué piensas que quiso decir con eso?

6. Lee Mateo 5:13. ¿Qué significa ser sal? ¿Qué tiene esto que ver con compartir la fe? ¿Qué significa para los cristianos perder su salinidad? (Da ejemplos específicos).

7. Lee Mateo 5:14. ¿En qué se parecen los cristianos a la luz? ¿Conoces a algunos cristianos que brillan mucho? Describe a uno.

Aplicación

8. Cuando se trata de compartir tu fe, ¿te sientes más como un reflector, un foco o una linterna? ¿Por qué?

9. Usando Juan 3:16, trata de explicar en tus propias palabras lo que significa ser un cristiano. (Usa versículos bíblicos adicionales si quieres).

10. Piensa en una persona a la que te gustaría compartirle tu fe. ¿Qué paso podrías dar para hacer que eso ocurra?

si trabajas con jóvenes nuestro deseo es ayudarte

UN MONTÓN DE RECURSOS PARA TU MINISTERIO JUVENIL

Visítanos en
www.especialidadesjuveniles.com

 /EspecialidadesJuveniles   @ejnoticias

101 preguntas difíciles
101 respuestas directas

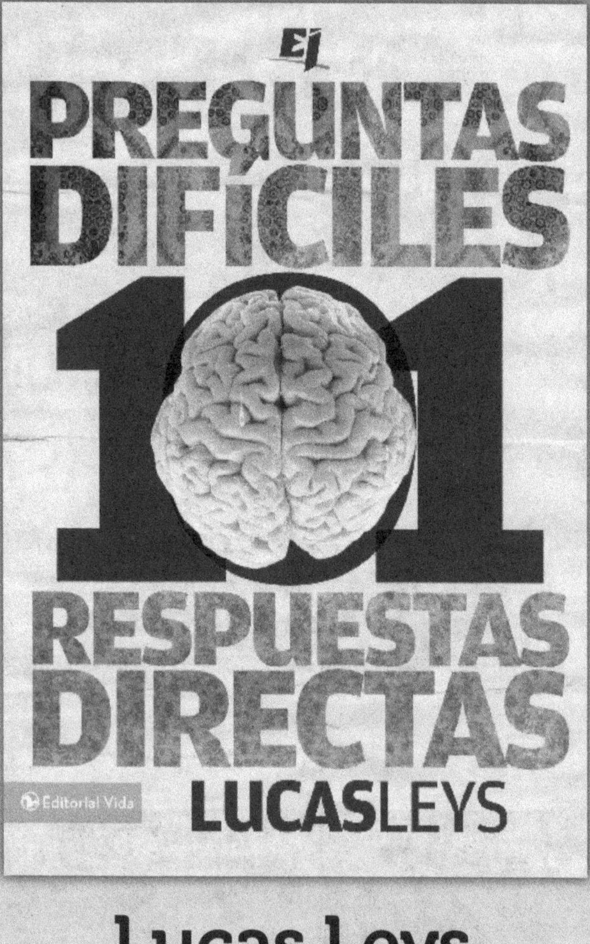

Lucas Leys

Desafía al futuro

Paolo Lacota

Lo que todo pastor debe saber de su Líder de jóvenes

Lucas Leys

Lo que todo líder debe saber de sus jóvenes

Sergio Valerga

Nos agradaría recibir noticias suyas.
Por favor, envíe sus comentarios
sobre este libro a la dirección
que aparece a continuación.
Muchas gracias.

vida@zondervan.com
www.editorialvida.com

www.ingramcontent.com/pod-product-compliance
Lightning Source LLC
LaVergne TN
LVHW030634080426
835508LV00023B/3367